Koji Ueno

Tranquility
for woodwind instument and guitar

上野耕路
木管楽器とギターのための
Tranquility

GG367

(株) 現代ギター社

GENDAI GUITAR CO.,LTD.
1-16-14 Chihaya, Toshima-ku, Tokyo, Japan

■ 序文

　作風の硬軟は問わず、いずれの作曲家も独自の作曲の手法を持っていることであろう。その手法をアルゴリズム等として主知的に捉えることと経験に基づき感覚的に捉えることはそれら数々の手法の両極であろう。

　さて僕の場合のそれらの一つとは12平均律上の4個の音の組合せからできる全種類の和音を分類し、それらを全て使用すること、その和音＝垂直構造を変換し水平構造＝メロディーを導き出すことであったりする。この変換のために単純な数学を応用している。このような一先ず感覚や恣意性を排除したかの手法はその計算結果を予期することはできず、導き出された結果は往々にして通常の音楽感覚としては良いと思われるものではないことも多いが、その制限がある種の静穏さ"Tranquility"を生み出す場合もある。この曲のタイトルとはまさにその手法によっている。ギターによる和音がオーボエの旋律へと変換されたのである。

2015年3月
上野耕路

Introduction

Each composer has their distinctive style of composition, though there may be individual differences in their formal rigour. At one extreme, there is an intellectual approach, for example making use of algorithms. On the other, there is an experiential style based on sensibility and taste.

One method I use is to select four pitches from the 12-note equal temperament system, classifying and using all the possible chords derived from those notes. Then, these chords (vertical structures) are translated into melodies (horizontal structures) using simple mathematical principles. In such a system, which seems to eliminate the sensual and arbitrary, we cannot predict the mathematical outcome, and the results are often contrary to what we normally consider good musical taste. However, these limitations can, at times, create a certain 'Tranquility'. I took the title of this work from this compositional method – the chords played by the guitar are translated into the oboe melody.

March 2015
Koji Ueno

■**上野耕路** 作曲家

　1970年代よりパンク・ニュー・ウエイヴ・シーンにおいて『8/1/2』そして、『ハルメンズ』で活動。1980年には戸川純、太田蛍一と共に『ゲルニカ』を結成し『改造への躍動』で82年にYENレーベルからデビューした。1986年から1987年の間は、坂本龍一のもと、映画『子猫物語』と『オネアミスの翼』のそしてアカデミー受賞映画『ラストエンペラー』の映画音楽で活躍する。1987年には英国人振付師ニコラス・ディクソンが率いるバレエカンパニー「チュチュランドアカデミー」の音楽を制作。1989年には映画『ウンタマギルー』の音楽で毎日映画コンクール音楽賞を受賞。1990年から1993年には国立劇場や日本音楽集団、またサンフランシスコのポール・ドレッシャー・アンサンブルらのために作曲。1993年マルチメディアグランプリ通産大臣賞を受賞した1995年NHKのテレビドラマ「幻蒼」のために作った音楽がプラハで行なわれ、第32回プラハ国際テレビ祭でチェコ・クリスタル賞を受賞。また自由な形式のジャズとクラシック音楽の融合として、上野耕路トリオによるCD『イオノスフェリックコール』をリリース。2004年にはキューピーパスタソースたらこのCMで話題に。2007年ベルリンの世界文化館の招きでAsia-pacific weekの一貫として公演を行なう。2008年、細野晴臣企画のレイモンド・スコット・トリビュート・アルバムに『デザイア』の編曲で参加。2009年犬童一心監督作品『ゼロの焦点』（松本清張生誕100年記念東宝映画）の映画音楽を担当、第33回日本アカデミー賞優秀音楽賞受賞。2011年、音楽的側面の集大成とも言えるアルバム『エレクトロニック・ミュージック』を配信開始。2012年蜷川実花監督作品映画『ヘルタースケルター』の音楽を担当する。2012年10月31日『のぼうの城オリジナル・サウンドトラック』発売。2013年『のぼうの城』で日本アカデミー優秀音楽賞受賞。AFA2013音楽賞ノミネート。2013年9年ぶりのソロCD『SIRIUS B』をリリース。2014年はNHKアニメ『ナンダカベロニカ』、NHK-BSドラマ『プラトニック』と活躍の場を広げている。11月には、犬童監督作品『MIRACLE-デビクロくんの恋と魔法』、2015年1月には、オーケストラを題材にした映画『マエストロ！』の音楽を担当。日本作曲家協議会会員。日本大学藝術学部映画学科非常勤講師。

Koji Ueno Composer,

　Active in the Punk/New Wave scene since the 1970s, performing in *8/1/2* and *Halmens*. In 1980 he formed the band 'Guernica' with Jun Togawa and Keiichi Ohta, releasing their debut album *Kaizou eno Yakudou* from the YEN label in 1982. Between 1986 and 1987, he worked under the guidance of Ryuichi Sakamoto in creating film music for *Chatran, The Wings of Honneamise* and the Academy Award-winning The Last Emperor. In 1987, he produced music for the ballet company 'Tutuland Academy', directed by the British choreographer Nicholas Dickson. In 1989 he won the Music Award of Mainichi Film Concours for his score for the film *Untamagiru*. Between 1990 and 1993, he composed for National Theatre of Japan, Promusica Nipponia and Paul Dresher Ensemble (San Francisco). His music for the 1995 NHK television drama *Gensou*, which won the Minister of Economy, Trade and Industry Award in the 1993 Multimedia Grand Prix, was performed in Prague and won the 'Cristal tcheque pour la musique contemporaine' at the 32nd Golden Prague International Television Festival. He has released a CD of free fusion of jazz and classical music, 'Ionospheric Call' with the Koji Ueno Trio. In 2004, he became a topic of conversation after writing music for a TV commercial for Tarako Kewpie Pasta Sauce. In 2007, he was invited to perform at Haus der Kulturen der Welt in Berlin as part of Asia-Pacific Week. In 2008, he participated in a Raymond Scott tribute album produced by Haruomi Hosono, with an arrangement of *Desire*. He composed the score for the 2009 Isshin Inudo film *Zero Focus*, and was nominated for the 33rd Japan Academy Prize, Outstanding Achievement in Music Award. In 2011, he released the album 'Electronic Music', a compilation of his work as a composer. He undertook the score of the 2012 film *Helter Skelter*, directed by Mika Ninagawa. He released 'The Floating Castle Original Soundtrack' on October 31 2012. He was nominated for the Japan Academy Prize, Outstanding Achievement in Music Award for the score for *The Floating Castle* in 2013. He received a nomination for the Music Award in AFA2013. In 2013 he released the CD 'SIRIUS B', his first solo release in 9 years. In 2014 he wrote music for the NHK anime 'Nandaka Velonika' and the NHK-BS drama 'Platonic'. In November he composed the score for the Isshin Inudo film *MIRACLE – Debikuro-kun no Koi to Mahou,* and in January 2015 for the film *Maestro!*.

　Member of The Japanese Federation of Composers. Part-time professor in the Cinema department, College of Arts at Nihon University.

Tranquillity

Koji Ueno

Koji Ueno

Tranquility
for woodwind instrument and guitar

上野耕路
木管楽器とギターのための
Tranquility

[Woodwind instrument]

GG367

(株) 現代ギター社

GENDAI GUITAR CO.,LTD.
1-16-14 Chihaya, Toshima-ku, Tokyo, Japan

Tranquillity

Koji Ueno

現代ギター社の出版物

●アサヒビール・コレクション

GG360 寺嶋陸也：ギターとピアノのためのエクローグ第1番
¥1,400+税

GG361 野澤美香：ギターとピアノのパードバリ（近刊）

GG362 宮木朝子：ギターとピアノのためのロスト・ソング
¥2,000+税

GG363 フェビアン・レザ・パネ：ギターとピアノのための織りなす魔法の踊り
¥2,400+税

GG364 香取良彦：ギターとピアノのための二重奏
¥2,000+税

GG365 藤井郷子：木管楽器とギターのための Daydream（近刊）

GG368 三上直子：木管楽器とギターのための甘い言葉をかわして…（近刊）

GG369 一ノ瀬響：管楽器とギターのための Points & Lines
¥2,000+税

GG182 ジュリアーニ：フルート（ヴァイオリン）とギターのための作品集 Vol.1
変奏とポロネーズ Op.24a，レントラーによる6つの変奏 Op.63，6つの変奏曲 Op.81，ロッシーニのオペラ「セミラーミデ」より"なんと寂しげなうめき声"WoO。スコア＆Flパート譜＆Vnパート譜。P.L.グラーフ＆加藤政幸・編
¥2,600+税

GG183 ジュリアーニ：フルート（ヴァイオリン）とギターのための作品集 Vol.2
協奏風大二重奏曲（軍隊風ロンド付）Op.52，変奏曲 Op.84，協奏風大二重奏曲（ソナタ）Op.85。スコア＆Flパート譜＆Vnパート譜。P.L.グラーフ＆加藤政幸・編
¥2,900+税

GG235 シューベルト＝ベーム：6つの歌曲／6つの歌曲（おやすみ／菩提樹／漁師の娘／セレナード／海辺で／鳩の便り）。スコア＆Flパート譜。佐々木忠・編
¥2,100+税

GG316 グリーグ：フルートとギターのための15の抒情小品集
アリエッタ Op.12-1，ワルツ Op.12-2，妖精の踊り Op.12-4，民謡 Op.12-5，ノルウェーの旋律 Op.12-6，アルバムの綴り Op.12-7，山の夕べ Op.68-4，ワルツ Op.38-7，郷愁 Op.57-6，悲歌 Op.38-6，羊飼いの少年 Op.54-1，メロディー Op.47-3，小人の行進 Op.54-3，思い出 Op.71-7，ハリング Op.47-4（グリーグ）。T.ミュラー＝ペリング・編
¥2,500+税

GG332 ドヴォルザーク：フルートとギターのためのソナチネ Op.100／松居孝行、服部牧人・編
¥1,800+税

GG151 二橋潤一：7つの肖像（ヴァイオリンとギターのための）
パヴァーン～ダウランドの肖像，ノベレッテ～シューマンの肖像，舟歌～メンデルスゾーンの肖像，前奏曲～バッハの肖像，バラータ～ランディーニの肖像，行進曲～プロコフィエフの肖像，シシリエンヌ～フォーレの肖像。スコア＆パート譜。
¥1,800+税

GG199 ヴァイオリンとギターのためのヴァイオリン名曲集 Vol.2
序奏とロンド・カプリチョーソ（サン＝サーンス），愛の喜び／愛の悲しみ／美しきロスマリン（クライスラー），ラルゴ（バッハ）。スコア＆パート譜。原善伸＆島根恵・編
¥2,200+税

GG258 ドヴリース：ディヴェルティメンティ・ア・デュエ（ヴァイオリンとギターのための）
ディヴェルティメンティ・ア・ドゥエ（序章，ワルツ，カフェ・コンサート，マルシア，フィナーレ）。スコア＆Vnパート譜。
¥1,600+税

GG266 佐々木忠：ヴァイオリン（フルート）とギターのための2つの日本の歌
砂山，松島音頭。スコア＆パート譜。
¥1,500+税

GG178 マンドリンとギターのための名曲集 Vol.1
アレグロ～マンドリン協奏曲ハ長調より（ヴィヴァルディ），ロンド～アイネ・クライネ・ナハトムジーク KV525 より（モーツァルト），官僚的なソナチネ（サティ），エスコヘガンド（ナザレ），スペイン奇想曲（ムニエル）。スコア＆マンドリン・パート譜。永塚節・編，竹内郁子・監修
¥2,400+税

GG249 マンドリンとギターのためのマリオネット作品集2
虹色の空へ，航海王子，ラティーナの誘惑，遠い海の記憶，お嬢様の秘密。スコア＆マンドリン・パート譜。
¥2,000+税

GG283 マンドリンとギターのためのブラジル音楽集
ブレジェイロ（ナザレ），郷愁のショーロ（バリオス），ショーロス第1番（ヴィラ＝ロボス），ティコ・ティコ（アブレウ），嵐のような口づけ（ナザレ），あの頃は（ピシンギーニャ＆ラセルダ），郷愁（カラード），カリニョーソ（ピシンギーニャ），カバキーニョ，お前を捕まえた（ナザレ）。スコア＆Mandパート譜。平倉信行＆濱野高行・編
¥2,400+税

木管楽器とギターのための
Tranquility
上野耕路●作曲

定価［本体2,000円＋税］
GG367

Tranquility
for woodwind instrument and guitar
Koji Ueno

2015年3月1日初版発行
発行元 ● 株式会社 現代ギター社
〒171-0044 東京都豊島区千早 1-16-14
TEL03-3530-5423　FAX03-3530-5405

無断転載を禁ず

印刷・製本 ● 錦明印刷 株式会社
装幀 ● 佐藤朝洋
浄書・版下 ● Woodnote Studio
コード番号 ● ISBN 978-4-87471-367-9 C3373 ¥2,000E

© Gendai Guitar Co., Ltd.
1-16-14 Chihaya, Toshima-ku, Tokyo 171-0044, JAPAN
http://www.gendaiguitar.com
1st edition : March 1st, 2015
Printed in Japan

楽譜や歌詞・音楽書などの出版物を権利者に無断で複製（コピー）することは、著作権の侵害（私的利用など特別な場合を除く）にあたり、著作権法により罰せられます。
また、出版物からの不法なコピーが行なわれますと、出版社は正常な出版活動が困難となり、ついには皆様方が必要とされるものも出版できなくなります。
音楽出版社と日本音楽著作権協会（JASRAC）は、著作者の権利を守り、なおいっそう優れた作品の出版普及に全力をあげて努力してまいります。どうか不法コピーの防止に、皆様方のご協力をお願い申し上げます。

（株）現代ギター社
（社）日本音楽著作権協会